AF362728

DE LA MUSIQUE

DANS

LE MIDI DE LA FRANCE.

I.

Quoiqu'il soit vrai de dire que les arts, ainsi que des plantes indigènes, croissent naturellement partout où la raison humaine a acquis un suffisant degré de fécondation, néanmoins il faut reconnaître qu'étant assez semblables aux fruits de la terre, ils prennent des formes différentes selon le climat qui les voit éclore, et en proportion des soins qu'on donne à leur culture. Après avoir donc changé successivement de caractère, de but et de moyens, suivant les conditions de lieu ou d'époque au milieu desquelles il se trouvait enfermé; après avoir été tour à tour sensuel et plastique avec la théogonie des Grecs, exclusivement catholique et sacerdotal sous les pontifes romains, féodal et quelque peu barbare dans le moyen âge , grand seigneur et courtisan de privilège à l'heure de la puissance monarchique , l'art notamment modifié et régénéré par les crises révolutionnaires des temps modernes , se porte de nos jours à revêtir sa plus large , sa plus morale et dernière expression ; l'art tend à devenir populaire , et en cela il ne fait qu'obéir à l'impulsion générale dont il subit l'influence autour de lui ; il ne fait que se conformer à l'esprit de nos institutions , à la forme de notre gouvernement , au caractère de nos mœurs. Riche d'un élément de plus que l'art ancien , c'est-à-dire , l'élément fécond du christianisme dont il a reçu la précieuse semence dans son sein purifié , l'art moderne lui est supérieur par la source même de ses inspirations ; affranchi toutefois d'une préoccupation religieuse trop étroite , quoique n'oubliant point son origine , l'art de nos jours , libre de toute entrave , unissant l'ordre de foi à l'ordre de science , marche dans une indépendance pleine de force et d'avenir.

Quant à la forme de l'art , au sentiment de la beauté extérieure , il est vrai que nous ne les possédons point au même degré de perfection et de justesse que les anciens Grecs ; on ne peut pas dire que nous ayons un génie artistique aussi heureusement doué que les Athéniens de Périclès ; par exemple , la peinture et la sculpture modernes n'ont jamais surpassé , ni même égalé sous quelques rapports les chefs-d'œuvre de Zeuxis et d'Appelle , de Praxitèle et de Phidias , et le Parthénon restera un monument

d'architecture inimitable. Mais, en revanche, la partie
mécanique de l'art s'est augmentée chez nous de toutes
les découvertes successives de l'expérience et de la
pratique ; les procédés matériels d'exécution se sont
perfectionnés à un point qu'il n'est guère plus possible de dépasser : or, le résultat de ces progrès nul-
lement méprisables, pour s'être accomplis dans un
ordre secondaire, a été de multiplier les œuvres de
l'art à l'infini, d'en rendre le mécanisme familier au
plus grand nombre, d'en varier et augmenter les
ressources, par suite d'en faciliter l'expression. La
vulgarisation de l'art, c'est là par conséquent, entre
tous ses progrès récens, son signe le plus propre et
le plus certain, entre toutes ses moralités diverses,
sa moralité la plus sainte. Non content de marcher
suivant une ligne droite et inflexible, l'art s'est mis
à envahir par couches successives tout le terrain à
l'entour. Tenu trop long-temps caché à tous les yeux
dans des sanctuaires impénétrables, ou bien relégué
forcément sur des sommets inaccessibles, il est enfin
descendu de ses hauteurs prétentieuses pour habiter
les plus humbles régions ; il est sorti de ses mystérieuses retraites pour s'épanouir au grand jour, au
soleil de tous, pour se faire expansif, communicatif,
universel. Il a brisé peu à peu, comme une digue
importune, chacun des cercles étroits où on l'avait
emprisonné, et de jour en jour il déverse, dans
une mesure croissante, ses bienfaisantes eaux sur
toutes les classes de la société qu'il retrempe et

vivifie. Telle est la marche de l'art ; telle est son irrésistible vocation.

De tous les arts, la musique est, sans contredit, celui qui est le plus capable par son essence même, par les moyens dont il dispose et les procédés dont il fait usage, de revêtir cette forme populaire et d'atteindre ce but social dont nous reconnaissons généralement la nécessité pour l'art. Langage harmonieux et universel, dont les élémens primordiaux ont reposé de tout temps au sein des choses créées, et dont l'origine remonte jusqu'à Dieu, la musique est l'expression de l'homme, parce que son principe est dans l'homme même, dans l'intimité la plus profonde et la plus primitive de son être ; elle constitue dans l'ordre des sentimens et des passions, une langue tout aussi humaine, tout aussi vraie que la parole dans l'ordre des idées. A ce titre, par conséquent, la musique a plus que tout autre art, le droit et le pouvoir d'agir sur les déterminations des hommes, de gouverner leurs âmes, de dominer leurs esprits, de fléchir leurs volontés. Aussi est-ce là le résultat qu'elle a presque toujours obtenu, même au temps de ses débiles origines ; et ce résultat, elle devra s'en emparer avec plus d'étendue et d'autorité encore, dans les prévisions d'un prochain avenir.

C'est là un fait de pure essence divine que cette existence primitive de la musique à l'état de sentiment inné, produit de l'organisation musicale que la nature a départie à l'homme ; existence indépen-

dante de toute pratique ultérieure dont ce sentiment
a dû être la base et l'appui, comme aussi antérieure
à la réunion des élémens et des principes divers qui
ont fait passer l'art à l'état de science organisée.
Or, ce fait suffit seul sans doute à expliquer la gloire
de l'art musical dans l'antiquité la plus reculée, alors
pourtant que les bases constitutives de la science
étaient encore si incertaines, ses moyens d'expression si bornés et si rudimentaires. C'est qu'à défaut
de la science, et en l'absence des perfectionnemens,
les anciens peuples apportaient au service du culte
de l'art l'exubérante sève de leur nature physique,
et les riches ardeurs d'une imagination qui échauf-
fait et colorait toutes choses. C'est que doués, en raison, sans doute, des conditions géographiques de leur
territoire, d'une sensibilité plus chaude et plus vive
qui les rendait plus accessibles aux charmes et aux
impressions de la musique, ils étaient naturellement
portés à incliner leur enthousiasme devant un art
qui faisait leurs délices.

Les Hindous, les Égyptiens, les Grecs, et bien
d'autres peuples, ont placé le berceau de la musique
dans le sein même de la Divinité, l'ont entouré de
fables et de superstitions ; on sait que, chez ces diverses nations, l'art musical a été grandement et univer-
sellement honoré, et que les effets les plus merveilleux ont été attribués à sa toute-puissance. Les Grecs
notamment ont fait intervenir l'olympe dans leur
culte de l'art musical ; ils ont accordé à leurs Dieux

des attributs lyriques. Le rôle dont ils ont investi la musique dans la société, n'est pas moins grand. Cet art se trouvait intimement lié à toutes les fonctions sociales et privées ; il était partout uni aux mœurs, aux institutions, à la poésie ; il présidait à toutes leurs solennités, à toutes leurs fêtes publiques ; il était l'ornement de leurs banquets, sacrifices, triomphes et victoires. Une secte de philosophes, les pythagoriciens, je crois, se servait de la musique, comme d'un moyen propre à agir sur l'éducation des hommes, à améliorer leur moral, à les porter aux actions honnêtes et vertueuses. Chez les Athéniens, généralement, la musique faisait non-seulement partie de l'éducation, mais elle en était encore la base ; et celui qui n'était pas musicien, était réputé ignorant. Les plus graves philosophes de l'antiquité et de la Grèce, notamment Platon dans sa *République* et dans ses *Lois*, reconnaissaient à la musique une influence incontestable et souveraine sur les mœurs et la civilisation des peuples, sur l'équilibre des affaires de l'état. Le mot *musique* se trouvait ainsi écrit à côté des mots *législation, gouvernement*. D'ailleurs, la définition même qui était faite de ce mot, prouve quel sens étendu on accordait à la chose. Hermès le définissait « la connaissance de l'ordre de toutes choses. » Le sage Pythagore enseigna que dans l'univers tout est musique, puisque tout est ordre et harmonie. Au reste, il est évident qu'ici la musique n'était plus prise dans son sens spécial et borné, mais au contraire dans sa manière d'être la plus générale et la plus abstraite, mise ainsi qu'elle était en regard de l'harmonie universelle de la création, dont le spectacle offre un tout parfait, formé d'une puissante unité, au sein d'une variété infinie; et cette image ne différait pas trop de celle qui représente les sept tuyaux de la flûte de Pan, comme le symbole des sept planètes du monde. Les Athéniens appelaient tous les arts du nom de musique, de même qu'après eux un musicien des temps modernes a pu dire que dans la musique était le principe de tous les rapports et le fondement de toutes les sciences. Sans doute qu'il y a, dans toutes ces définitions, dans toutes ces idées, dans tous ces faits, une marque évidente d'exagération ; mais il ne leur faut pas moins reconnaître une valeur certaine, comme témoignage irrécusable du rôle et de l'influence qui ont été le partage de la musique à ces diverses époques. Et comme si ce n'était pas assez de l'existence de ces faits merveilleux et de ces théories pompeuses, il a fallu que la révélation nous en fût faite sous l'autorité des esprits les plus graves et les plus éminens, tels que Pythagore, Platon, Socrate, Aristote, Aristoxène, Quintilien, Cicéron, Plutarque, et bien d'autres qui l'ont consacrée dans leurs écrits.

Quelle glorification, quelle brillante apothéose d'un art encore enveloppé de ses premières langes! Dans quel état, en effet, se trouvait la musique des anciens par rapport à la nôtre? A peu près dans le

même état où se trouve un commencement par rapport à une fin , un germe par rapport à un développement, un rudiment grossier par rapport à une
science complète, achevée. Par exemple, que peut-il
y avoir de commun entre les *ragas* de l'Inde et nos
airs français; entre la mélopée lourde et traînante
des Grecs, et la pétulante cavatine des Italiens? Quoi
de commun encore entre la psalmodie harmonique
du moyen âge, le contre-point des maîtres du 16ᵉ
siècle, et l'art de Beethowen, de Weber, de Rossini?
Quels liens de parenté aussi entre les gammes enhar-
moniques des Hindous et le système hexacordal de
Guy-d'Arezzo ; entre la notation restreinte des Chinois
et la notation moderne? Quelle analogie, enfin, entre
la lyre à trois cordes de Therpandre, ou le psaltérion
hébraïque, et les instrumens si perfectionnés de nos
jours? Que si pourtant une sorte d'illustration semble
avoir été répandue sur la musique ancienne, cela
vient uniquement de ce que cet art était honoré chez
les peuples de l'antiquité pour son effet moral, lequel
ils savaient obtenir, indépendamment de tout perfectionnement matériel. — Pour tout dire, en un
mot, les anciens et les Grecs surtout, avec le seul
auxiliaire de leurs systèmes imparfaits et de leurs
instrumens grossiers, rencontrèrent le but de l'art,
qui est l'émotion; et cela se conçoit. En effet, la
musique, à la différence de quelques autres arts qui
ne remuent le cœur qu'après avoir frappé l'esprit,
étant elle, un art d'émotion plus que de pensée, et

les émotions pouvant se produire en nous d'une multitude de manières différentes, pouvant être dissem-
blables selon les époques, les nations ou les individus ; on conçoit sans peine qu'il ne soit pas possible
d'assigner des limites à l'art qui les fait naître, et
que ses formes soient susceptibles de varier à l'infini,
sans nuire aucunement à ses effets moraux. Ne se
proposant pas non plus, comme la peinture et la
poésie, par exemple, l'imitation de certaines sensations connues, de quelques réalités obligées, ou l'analogie de certaines idées générales ; n'ayant point,
enfin, de modèle rigoureux à suivre, ou d'objet de
comparaison à s'appliquer, la musique, libre dans
le vaste champ de l'imagination, peut se prêter sans
danger à des transformations diverses : elle sera
capable de produire des impressions profondes, quel
que soit l'ordre d'idées qu'elle conçoive, de quelque
nature que soient les moyens d'expression qu'elle se
plaise à créer, pourvu que les idées se montrent originales et naïves, si les moyens, quoique bornés,
s'annoncent neufs et imprévus.

Toutefois, en regard des essais glorieux, mais
informes de la musique ancienne, le triomphe sou-
verain de la musique moderne doit apparaître comme
un fait entièrement légitime, comme une solution
tout-à-fait logique. Après s'être dégagée, non sans
effort, du manteau glacé dont l'irruption des Bar-
bares avait recouvert pour un temps les ruines de la
civilisation grecque et romaine, la musique, que

j'appellerai de l'ère nouvelle, issue d'abord de l'Église où elle fut introduite à la suite de la réforme Ambrosienne et Grégorienne, y rencontra, comme un premier jalon et point de départ, une notable modification du système de tonalité des Grecs, en même temps que la diaphonie des peuples septentrionaux ; puis bientôt l'orgue, *organum*, qui fut la base et la clef de tout le système harmonique du moyen âge. Ensuite, à mesure qu'elle s'avança vers les âges modernes, la musique, ainsi reconstruite, s'enrichit des découvertes successives du génie, et des résultats progressifs de la science. Peu à peu arrivèrent, avec une certaine lenteur, il est vrai, mais suivant une ligne de progrès continue, les transformations diverses qui ont agrandi le domaine de l'art, en élargissant sa base : entre autres, l'invention du drame musical, faite en Italie à la fin du 16ᵉ siècle, et avec elle l'origine et les perfectionnemens de l'instrumentation proprement dite ; puis, au commencement du 18ᵉ siècle, l'introduction de la musique d'église concertée, de l'*Oratorio* dont Léo, Scarlatti et Hœndel furent à la fois les créateurs et les maîtres ; puis encore, la révolution opérée par Rameau dans le système des accords ; enfin, plus près de nous, la restauration de l'opéra en Allemagne par Mozart ; en France, par Gluck, Piccini, Méhul ; en Italie, par Païsiello, Cimarosa, Rossini ; et, ce qui est le comble de l'art, la création du véritable style instrumental, dont Haydn fut le père, Beethoven le hardi continuateur, autrement dire de la symphonie qui est l'expression la plus avancée de la musique, le dernier et le plus grand résultat de la science.

Aujourd'hui donc la musique, héritière de tout un passé dont elle a fait la conquête à son profit, semble avoir droit à la concentration de tous les honneurs et de tous les pouvoirs qui furent départis à chacune des époques musicales dont la nôtre a été précédée. Augmentée de ressources inconnues avant elle, riche d'effets plus nombreux et plus variés, la musique moderne, sinon placée plus près du but de l'art que nos prédécesseurs ont pu atteindre comme nous avec d'autres formes et un ordre d'idées tout différent, se trouve au moins mieux en état de conduire à ce but, par des sentiers plus généreux, une plus grande foule de zélateurs.

Le but social de la musique s'est agrandi, à mesure que ses horizons se sont successivement dévoilés, et que ses forces productives se sont accrues. Les destinées de cet art, tel qu'il est constitué aujourd'hui, offrent des aperçus immenses comme le peuple dont elles sont devenues solidaires, lointains comme l'avenir des nations qu'elles embrassent. Par son caractère même, vague, indéterminé, flottant, indécis, auquel les progrès de l'instrumentation moderne n'ont pu rien changer, quoi qu'on ait dit, la musique s'adresse de préférence à ces cordes instinctives qui agitent la grande âme du peuple, à cette nature de sentimens et de passions qu'il est surtout si facile de mettre en

jeu chez les êtres collectifs, vivant à de certains ins-
tans d'une vie commune et sympathique. Puisant aux
mêmes sources dont s'abreuve la foule, cet art divin
a fait maintenant, de celle-ci, son objet magnétique,
son irrésistible sujet d'opération; il s'est emparé des
plus généreuses affinités qui se dégagent du sein des
masses par la seule puissance de ses émotions plus im-
médiates et plus communicatives que les émotions de
l'idée, qui est toujours revêtue d'une formule précise,
limitée et par conséquent aride. De là, à l'exercice
d'un légitime ascendant sur les mœurs, les usages,
l'éducation générale, et la direction des actions hu-
maines, il n'y a plus même un pas à faire. Il est évident que l'esprit d'association et de paix a chance de
se propager et de s'étendre sous l'impulsion d'un
véhicule si actif. La communion des âmes dans un
même sentiment, la fusion des cœurs dans un même
plaisir et une même passion, doivent tendre inévitablement à réaliser l'union des esprits dans une même
préoccupation générale, une même pensée fraternelle. M. Azaïs, ce philosophe aimable, qui met au
service d'une raison mûre et élevée, une imagination si vive et si jeune; ce candide vieillard vers
lequel on se sent involontairement porté dès qu'on
l'a vu et entendu une seule fois, s'est plus à consi-
dérer l'harmonie musicale dans ses rapports avec l'harmonie universelle. Or, pour ne parler que du monde
moral, il est incontestable qu'aujourd'hui c'est dans la
musique, plus que partout ailleurs, que règnent la

discipline, l'ordre, la hiérachie. Nous sommes de ceux qui ont toujours pensé, et qui pensent aujourd'hui plus fermement que jamais, que l'art réformé de Beethowen et de Rossini, est foncièrement l'agent le plus actif de la civilisation humaine, le lien le plus étroit entre les divers peuples qu'il doit tendre à mettre en rapport par l'universalité de son langage. D'autres l'on dit avant nous : la musique a chance de régénérer le monde, et le sauvera peut-être de sa ruine.

L'état plus ou moins prospère, plus ou moins avancé d'un art quelconque, et de l'art musical en particulier, dans un pays, dépend ordinairement de deux causes diverses, dont l'influence devient souveraine lorsqu'elles se trouvent réunies : ces deux causes sont la conformation heureuse des habitans, leur aptitude innée pour cet art, et d'un autre côté, les institutions qui ont pour but d'en propager la notion et le goût parmi eux. L'exemple remarquable qui nous est offert par deux nations célèbres en Europe, confirme cette vérité. Les Italiens, si heureusment et si originairement organisés pour la musique, n'ont obtenu des résultats pratiques de quelque valeur, que lorsque l'institution d'écoles multipliées et d'établissemens spéciaux est venue en aide au développement complet de leurs facultés. Cependant le climat, en Italie, se trouvant, malgré tout, favorable à la naissance et à la conservation de l'organe vocal, cette circonstance explique pourquoi, indépendamment de leurs écoles

et de leurs méthodes, les Italiens ont pendant long-
temps conservé une supériorité incontestable dans
l'art du chant. Les Allemands, au contraire, n'ont
rencontré l'aptitude sans égale qu'ils possèdent aujourd'hui, qu'après une éducation musicale de plusieurs siècles; et s'ils ont pu, depuis l'origine, culti-
ver la musique avec un succès toujours croissant, ce
résultat est dû tout entier à la persévérante patience
de leur calme et studieux génie. Il est même résulté
de ce double conflit une conséquence naturelle et inévitable, c'est que, dans l'un comme dans l'autre,
l'élément primitif a prévalu aux dépens de celui qui
n'a été introduit que plus tard. Ainsi, chez les Italiens, l'instinct, le sentiment simple et nu, l'inspiration directe, c'est-à-dire, la mélodie, ont dominé en
dépit des calculs de la science et des prescriptions
de la théorie; de même que, chez les Allemands, le
travail, le procédé, l'esprit de combinaison, l'inspiration indirecte et de seconde main, l'ont emporté,
quoi qu'en aient eu les suggestions de l'instinct venues
seulement après. Dans ces deux pays, d'ailleurs, mais
en Allemagne surtout, l'esprit d'association d'une
part, de l'autre l'intervention mesurée, soit du gouvernement central, soit des administrations locales,
ou même le patronage éclairé du chef de l'état, ont
ajouté leur utile auxiliaire à l'efficacité des causes
librement préexistantes.

Rousseau, l'homme aux brillans paradoxes, dont
la doctrine musicale, entre autres, fut plus d'une fois

à côté du vrai, a bien pu cependant avoir un peu raison dans son temps, quand il a dit que la France n'avait point de musique; mais assurément il a eu un peu plus de tort, quand il a osé avancer qu'elle ne pouvait jamais en avoir. Si les Français ont paru jusqu'ici moins aptes à la musique que les Italiens et les Allemands, cela tient sans aucun doute à l'infériorité de leur système d'éducation musicale, à l'absence, par exemple, de toute instruction primaire parmi les classes des jeunes enfans et des adultes. La destruction à peu près générale des maîtrises en France, après nos deux révolutions, a été un coup fatal porté à la propagation de l'art musical, dans les provinces surtout qui trouvaient leur unique aliment dans ces établissemens anciens, pépinière long-temps florissante de nombreux et excellens élèves, d'où sont sortis les plus grands musiciens, Grétry, Haydn, Gossec, Lesueur, et tant d'autres encore. Mais, enfin, l'importation récente de quelques institutions empruntées à l'Italie ou à l'Allemagne, des conservatoires entre autres, a pu réparer, jusqu'à un certain point, cette désastreuse et trop regrettable lacune.

Nous devons donc, à quelques égards, notre éducation musicale, partie aux Italiens et partie aux Allemands; et l'on peut dire que chaque jour cette éducation s'améliore en développant sur sa route progressive nos instincts encore mal assurés. Pour ce qui est du goût et de l'inspiration, les Italiens en ont jeté parmi nous les premiers germes dont nous avons hérité en les modifiant quelque peu; et, à leur tour, les Allemands y ont apporté quelque changement par une sorte d'infusion de leur caractère national, où nous nous sommes trempés. On peut dire que les premiers ont commencé notre ébauche, comme les seconds nous ont donné la forme complète et vivante. Il semble aujourd'hui que notre vocation décisive soit éclose à l'ombre de cette double influence. Grâce à notre esprit d'éclectisme, qui nous fait prendre et chérir le beau et le bon partout où ils se trouvent dans une sage mesure, il a été possible au goût transformé de nos limitrophes ultramontains, comme au génie mitigé de nos voisins transrhénans, de s'infiltrer dans notre sol et d'y prendre leurs lettres de naturalisation. Grétry, qui s'y connaissait assurément, a dit quelque part, dans ses Mémoires peut-être : « La France offrant une température mixte entre l'Italie et l'Allemagne, semble devoir un jour produire les meilleurs musiciens, c'est-à-dire, ceux qui sauront se servir le plus à propos de la mélodie unie à l'harmonie pour faire un tout parfait. » Déjà la France a été le terrain neutre où les deux systèmes opposés se sont rencontrés, pour s'embrasser et se fondre dans une mutuelle et intime pénétration. Aujourd'hui l'avenir de la musique est tout entier dans cette combinaison agrandie, qui devra bientôt s'imposer à tous les peuples, et dont le résultat inévitable sera d'absorber les traits divers et épars de la physionomie morale de chaque race dans un même caractère général et commun, qui participera de tous les genres, sans en faire prévaloir aucun exclusivement.

Je sais bien que cet état prochain de la musique va nous conduire à une solution que beaucoup pressentent déjà et que quelques-uns déplorent par avance, à savoir que tout esprit national va s'effacer sous le despotisme de cette formule générale, destinée à remplacer toutes les formules particulières à chaque peuple. Mais, où donc est le mal? Par exemple, dit-on, l'esprit français, apparemment l'esprit de Philidor et de Monsigny, ou bien celui de Dorat et de Marivaux, est menacé, à l'heure qu'il est, dans les plus précieux traits de sa physionomie distinctive, dans ses plus chères et plus aimables prérogatives, par l'invasion de cette coalition armée qui se présente sous les formes d'une mélodie Rossinienne ou d'un orchestre de Weber : l'esprit français ne saurait manquer de périr bientôt et entièrement. Cela est possible et même probable; mais, quel mal y a-t-il, répèterons-nous? En quoi l'esprit français, c'est-à-dire, cette façon étroite et particulière d'être, de penser et d'agir d'une collection d'individus enfermés en de certaines limites et en possession de certaines traditions communes; en quoi cet esprit serait-il plus précieux à conserver que les tendances générales du cosmopolitisme? Comment l'esprit de quelques-uns vaudrait-il mieux que l'esprit de tous? Serait-il donc vrai que le point de vue de l'humanité ne fût pas plus large et plus généreux que celui de la nationalité?

Il est évident que ce qu'il y a de plus caractéristique et d'essentiellement propre dans l'individualité de chaque peuple, dans chaque inspiration locale, s'altère tous les jours davantage au profit de l'homogénéité de pensées et de sentimens. Ainsi, par exemple, les traditions des airs populaires, des anciens airs nationaux s'affaiblissent, au point que ces airs si répandus et si influens autrefois, ne sont plus conservés aujourd'hui que comme des monumens de curiosité, qui attestent ce que furent à une époque ou à une autre les sentimens, les mœurs et le langage de tel ou tel peuple. Ceux d'entre ces airs qui survivent encore après l'invasion des généralités du sentiment introduites dans la musique, conservent bien peu de puissance, et dans tous les cas cette puissance se limite à quelque partie du sol réfractaire et isolée, à quelques populations douées plus particulièrement de la faculté des poésies natives et de l'impression des souvenirs. Les chansons et romances des trouvères de la Bretagne et de la Normandie, les *sirventes* des troubadours de la Provence et du Languedoc, les *tirannas* espagnoles, les *barcarolles* vénitiennes, les *ballades* écossaises, les airs nationaux de la Suisse et du Danemarck, comme aussi les airs de danse populaire, les *bourrées* de l'Auvergne et les *brantes* du Poitou, n'ont dû prendre naissance et conserver leur crédit qu'à des époques peu civilisées, parce que, à tout prendre, ces airs n'étaient guère le fruit que d'une inspiration individuelle, égoïste et rétrécie. Combien nous voilà séparés de ces temps justement reniés, aujourd'hui que nous sommes parvenus à faire remonter les affluens de notre musique aux sources les plus élevées et les plus communes des sentimens humains ! La chanson si spirituellement réhabilitée par M. Scribe dans une circonstance récente, a fini son règne, nous le croyons, en dépit des paradoxes académiques. La chanson populaire et la légende nationale, vêtement trop étroit pour nos formes actuelles , sont enfin légitimement détrônées au profit de l'épopée humanitaire et du drame social , expression justifiée des temps modernes et plus encore des temps à venir.

La France est, sans aucun doute, le pays qui, en raison de la souplesse de son génie et de son éminente faculté d'absorption , a montré le plus d'aptitude à secouer le joug des traditions anciennes et la tyrannie du caractère national. Sa surface s'est toujours empreinte, ainsi qu'une cire molle, de toutes les combinaisons nouvelles qui lui sont venues du dehors , n'importe par quelle voie. A l'heure qu'il est , la France se trouve à peu près complétement débarrassée des exigences immodérées d'un patriotisme faux et étroit. Sa musique actuelle ne se met point en peine de procéder des traditions et d'appartenir au passé en s'y rattachant ; elle est tout simplement, ce qui vaut mieux , le résumé spirituel des meilleures inspirations de chaque peuple , et l'expression la plus avancée de l'art , parce qu'elle en est la moins exclusive.

Or, il est à remarquer que cette émancipation de soi-même, cet abandon de ses propres voies, ne se sont pas effectués seulement au cœur de la nation, dans cette partie de la France centralement placée pour observer et acquérir les changemens qui s'opèrent autour d'elle; mais, ce qui est le plus digne d'attention, c'est que les provinces qui ont toujours paru vouloir le plus rester elles-mêmes et obéir à leur propre génie, se sont fait aujourd'hui, en dehors de ce qui paraît être leur vocation spéciale, des tendances nouvelles tout-à-fait conformes à l'esprit général du pays.

Le midi de la France avait toujours, entre autres, semblé gouverné par des instincts spéciaux, dont la propriété remonte assez loin, et qui l'avaient assez bien défendu pendant un temps de l'entier envahissement de l'esprit national, tel qu'il se déclare à son centre. Primitivement et fort anciennement relié à la Grèce par des rapports accidentels, où le sang des deux peuples a pu entrer en mélange; plus tard, uni à Rome par l'introduction d'un élément nouveau de nationalité, fruit d'une conquête; puis encore, accouplé aux possesseurs futurs de l'Ibérie par une occupation temporaire, source d'une autre infusion de sang et de race; enfin, voisin de l'Espagne et de l'Italie modernes, auxquelles il s'assimile par des analogies assez frappantes de nature et de sol, notre Midi n'avait pu que difficilement se soustraire à l'influence de ces origines diverses, de ces parentés

anciennes et étroites, qui ont laissé des traces partout, dans le caractère, les mœurs, les goûts et les
penchans ; et l'on peut dire que tour à tour le génie
grec et romain, les appétences italiennes ou ibérien-
nes, le dominaient autant et plus que les tendances
françaises. Ainsi, par exemple, en ce qui touche la
musique, le génie méridional de la France s'iden-
tifiait assez bien avec le génie italien. L'un avait
comme l'autre au plus haut degré la facilité du chant,
le sentiment de la mélodie, cette âme de la musique,
comme l'a dit Sébastien Bach; chez l'un comme chez
l'autre, même inspiration primitive, spontanée, facile et heureuse ; même naïveté, même simplicité
et franchise d'allure ; mais aussi, même insouciance
du travail et des perfectionnemens, même indiffé-
rence pour les révolutions praticables à la base même
de la science, et les modifications nécessaires de la
forme. Chez l'un comme chez l'autre, une langue
poétique et harmonieuse, la langue issue de Dante
et de Pétrarque, et celle de Goudouli, venaient
naturellement au secours d'une pensée produite sans
effort.

Il faut avouer que les choses sont quelque peu
changées à présent. C'est à ce point qu'il n'est guère
plus possible, par exemple, de reporter son esprit,
sans un sourire bien pardonnable, vers ces temps
naïfs de la romance languedocienne, alors que les
sept premiers troubadours toulousains qui formè-
rent la compagnie *Supergaie*, tenaient leurs séan-

ces tous les dimanches dans un jardin public, où ils décernaient les prix du chant et de la romance, qui se distribuaient le 1er mai ; usage dont quelque chose d'analogue s'est perpétué jusqu'à nos jours, il est vrai, mais avec un caractère un peu différent de ce qu'il était à son origine. L'à-propos d'une trop scrupuleuse fidélité gardée aux choses d'autrefois, est justement passée pour les provinces du Midi, et ne serait plus aujourd'hui qu'une erreur de mauvais goût. En ce moment, les destinées générales du pays ont droit de nous contraindre dans la même mesure qui nous fait solidaires de ses nouveaux intérêts. Les perfectionnemens de toutes choses qui font reconnaître partout leur nécessité, s'imposent à bon droit au Midi, aussi bien qu'au Nord et au centre. Pour sa part, la musique, telle que l'ont transformée quelques hommes de génie de ces derniers temps, semble s'être enfin révélée dans toute l'audace de sa nouveauté, à ces natures méridionales dont la vive intelligence peut se prendre à tout assurément, mais qui avaient eu le tort de se laisser trop emprisonner jusqu'ici dans les liens étroits d'un esprit exclusivement local, sans issue possible comme sans grandeur.

On peut concevoir qu'une ville de province, riche tout à la fois de l'énergie native de son esprit particulier et du fruit des enseignemens communs, ait le droit de constituer en son sein des élémens de création ou de progrès qui lui appartiennent bien en propre, et dont elle puisse revendiquer l'honorable profit. Moins rattachée à la métropole, en ce qui touche les matières d'art et d'intelligence, que sous le rapport du lien administratif et de la parenté des intérêts matériels, il lui est loisible de s'établir comme un centre spécial, autour duquel viendront graviter toutes les prépondérances voisines ou de nature semblable ; et si surtout ce centre nouveau se trouve placé de telle sorte qu'il ait chance de réunir étroitement autour de lui une multitude d'affinités et de sympathies acquises déjà par avance ; alors, sans plus de doute, son indépendance et son action, constituées dans une nécessaire mesure, s'imposeront à l'égal de faits virtuellement existans, et deviendront choses tout-à-fait légitimes.

Entre toutes les villes du Midi, Toulouse nous semble pleinement exister dans ces conditions choisies d'exception et de faveur. Située heureusement au milieu d'une contrée unie d'esprit et diverse de caractère, qu'elle sait se rallier par sa puissance d'attraction, dont sa constante initiative et son influence continue l'ont faite, en tous les temps, la souveraine, dont elle peut se dire à la fois la tête et le cœur ; il lui a toujours été donné d'absorber en son sein, comme en un foyer générateur, et puis d'émettre dans toutes les directions à l'entour le puissant rayonnement de cette flamme méridionale qui, à différentes époques, a brillé de si soudaines et si vives clartés. Assise aux lieux mêmes où abondent et s'épanchent de toutes parts les sources sacrée-

de l'art et de la poésie, où les esprits natifs croissent avec une pousse si prompte et si vigoureuse, de bonne heure et dès les premiers temps de la civilisation, le domaine de l'intelligence, celui des lettres et des arts qui en est inséparable, sont devenus son plus cher patrimoine. A une époque bien reculée déjà, le poète Martial disait d'elle :

Palladiæ non infidendo Tolosæ
Gloria, quam genuit pacis alumna quies.

Il est bien vrai que le Midi, quelque peu déshérité aujourd'hui de la splendeur primitive de son ciel et de l'influence traditionnelle de son climat, comme aussi modifié dans son caractère individuel par les révolutions sociales ou politiques qui l'ont nivelé et fondu dans l'esprit commun, semble avoir été par cela même dépossédé de quelques-uns des avantages naturels dont il était virtuellement doté dans l'origine; il est bien vrai encore que la trace semble un peu perdue de certaines causes premières, qui, en d'autres temps, animaient son esprit et perpétuaient sa foi. Mais, comme rien de ce qui est nécessaire à la vie intellectuelle et morale d'un peuple ne saurait périr entièrement; si, d'un côté, les sources originelles et inspiratrices se sont taries jusqu'à un certain niveau, il survit, d'autre part, assez de traditions de ce qui fut autrefois, pour servir d'excitation primitive aux intelligences et d'aliment essentiel au culte de l'art.

En outre, on peut dire qu'un élément nouveau, trop inaperçu avant, se dégage de plus en plus par la fusion de ce précieux reste d'esprit ancien dans le creuset actif des institutions modernes , dont l'effet est d'affermir et d'augmenter ce que le génie naturel fait seulement éclore.

II.

Quand un pays ouvre ses horizons au souffle bienfaisant de l'art, dans une aspiration agrandie de tout ce qui est intelligence et sentiment du beau, il se fait tout à coup en lui comme un changement lumineux , une transformation magique qui le colorent et l'éclairent d'un reflet imprévu. L'expansion et le dégagement d'un sentiment enfoui à demi jusqu'alors, d'une prédilection transparente, mais cachée un peu encore , d'un enthousiasme certain, mais contenu pourtant, quand ils éclatent enfin au grand jour pour se produire avec tout leur relief et toute leur franchise, soit que ce phénomène se passe dans l'individu , ou qu'il ait lieu dans un être collectif, nous apparaissent toujours infailliblement comme une sorte de réhabilitation et même d'apothéose, qui impliquent l'initiation d'une vie meilleure. Dans ce cas toutefois, il faut à cette existence nouvelle qui fait si généreuse irruption quand son heure est venue, et qui s'exerce trop souvent dans des conditions méconnues à quelque distance ; il lui faut pour accroître et même entretenir la force interne dont elle a besoin, l'encouragement de la parole, le retentissement de la publicité. Il arrive un moment, dans la marche du progrès qui se déroule suivant ses phases successives, où le plus sûr moyen de le faire avancer encore, est d'indiquer l'espace qu'il a parcouru.

Au milieu de toutes les tendances diverses qui composent l'ensemble du grand mouvement qui s'est accompli à Toulouse, il est facile de remarquer comme résumé le plus significatif de ce mouvement, une tendance particulière et principale qui domine les autres, et qui est assurément destinée à les absorber toutes dans la sphère de son activité supérieure, c'est la tendance musicale. Tandis qu'on voit avec regret dans les autres branches nombreuses de l'art et de la science, un certain nombre d'individualités militantes s'éparpiller en efforts divergens, et se perdre en résultats incomplets, par défaut de liens et de points de contact suffisamment rapprochés, ainsi que par défaut d'unité d'inspiration et de communauté d'enseignement; il y a du côté de la musique, à la suite de quelques aventureux pèlerins qui marchent et crient en avant, une population tout entière qui s'associe sympathiquement à leurs voix prophétiques, qui reçoit l'impulsion, et puis la renvoie à sa source, la fait réagir à son tour. C'est de cette entente commune qu'est née toute la puissance de la musique à Toulouse; c'est dans ce fait unique qu'est déjà contenu, en germe vigoureux, tout son avenir.

Il y a peu d'années encore, la musique à Toulouse n'était guère qu'à l'état d'instinct, énergique il est vrai, mais flottant et sans guide, à l'état, si vous voulez, de sentiment général et incontestable, mais non pas tout-à-fait bien défini, et dont on avait plus ou moins la conscience, sans en avoir la réalisation entière. C'était comme un produit du sol naturel, dont on ne connaissait pas bien encore la valeur et l'utile emploi; il y avait là comme une émanation bienfaisante de l'air natal, qui saturait toutes ces organisations si ouvertes et si expansives, qui emplissait toutes ces poitrines d'une généreuse aspiration, mais dont le souffle n'était point suffisamment contenu et dirigé pour lui communiquer une impulsion d'ensemble. On respirait partout la musique dans ce pays de chant facile et désoccupé, pour nous servir de l'expression d'un homme d'esprit. On la saisissait et odorait partout; elle était dans l'air et dans les voix, dans la nature et dans les hommes, en un mot dans les gestes, la pantomime, le langage, l'accent de toute cette population méridionale si vive et si animée. Mais ce qui manquait alors à toute cette musique primitive et à tous ces musiciens nés, c'était le fruit d'une éducation régulière et d'une expérience progressive; ce qui manquait encore, c'était une organisation bien conçue, dont on s'est avisé plus tard, et qui a tant profité depuis. Jusque-là, comme on l'a dit si heureusement avant nous, la musique à Toulouse n'était qu'une inscription sans monument; mais le monument ne pouvait pas tarder long-temps à protéger et glorifier l'inscription.

L'organisation musicale des habitans du midi de la France, et de ceux de Toulouse entre tous les autres, devenue proverbiale comme on sait, a été dans tous les temps un fait d'une signification trop souveraine, un élément trop riche de promesses et d'avenir, pour que les magistrats chargés de veiller aux intérêts moraux du pays, ne dussent pas un jour en tenir un compte sérieux. L'institution d'un conservatoire de musique, d'une école de chant, enseignement à peu près complet dans ses limites nécessairement restreintes, et qui peut avoir quelque analogie inférieure avec le conservatoire de Paris, fut la première et inévitable satisfaction accordée aux impérieux besoins qui résultaient de cet état de choses. Et dès-lors eurent été obtenus du même coup un centre de direction, de ralliement, de discipline et d'hiérarchie pour toutes les forces perdues, les richesses éparses, les volontés insoumises auparavant; une voie et une issue pour les talens et les vocations emprisonnés jusqu'alors; un point de départ et d'appui, où devaient prendre naissance et se fonder les projets ultérieurs de perfectionnement musical. D'autre part, la conservation partielle de la maîtrise de l'église métropolitaine était restée comme une autre source d'enseignement, comme le dépôt des dernières et précieuses ressources réservées en vue du culte, tous les jours affaibli, de la musique sacrée.

Bien avant d'ailleurs, et dans un ordre d'influence quelque peu différent, le théâtre, la musique dramatique, enseignement intellectuel et moral plus qu'il n'est technique et pratique, action médiate, plus qu'immédiate, avait commencé par éveiller ces instincts auxquels nous avons rendu hommage, puissans et sûrs, quoique sommeillant encore, par féconder ces germes enfouis, mais vivaces. Pendant long-temps le théâtre, et un théâtre fort restreint sous le rapport de la musique, s'était constitué l'unique instructeur de toutes ces aptitudes novices qui appelaient la lumière de tous leurs vœux ; pendant long-temps l'opéra, et il faut le dire, hélas ! l'opéra comique principalement, avait été l'aliment unique de toutes ces natures musicales qui avaient faim de mélodie et soif d'harmonie, et auxquelles force était bien de se contenter, pour toute pâture, de quelques bribes délicieuses, mais trop menues, tombées négligemment de la table de Grétry, de Dalayrac et de Boïeldieu. Grand bonheur ! quand vinrent à briller au-devant des feux de la rampe quelques-uns des premiers et brillans joyaux de la quincaillerie Rossinienne, alors fraîchement importée en France, ce pays de mode changeante et de spirituelle mobilité, où il devait trouver si riant accueil, et auxquels il était réservé de nous tous fasciner et éblouir par les mille facettes et les prismes sans nombre de leur clinquant merveilleux. Grande fête aussi, lorsque, à quelqu'une des représentations solennelles et rares, on entendait

Piccini ou Méhul, Gluck ou Spontini; Euphrosine, Armide, la Vestale, Fernand-Cortez. Encore cette espèce d'opéra était-elle fort insuffisante, quand toutefois il arrivait que la scène, à grands efforts, s'élevait jusqu'à ses majestueuses proportions; et le théâtre d'ailleurs n'avait pas acquis alors, par son répertoire surtout, l'importance et l'intérêt qui lui sont advenus par la suite. La seconde manière de Rossini, la grande manière de Guillaume Tell n'avait point fait son avénement; Mozart était peu joué à cause de la difficulté; Weber n'était point encore initié à la France, si ce n'est peut-être par quelques représentations d'un théâtre allemand à Paris; Meyerbeer, né allemand, mais d'abord italien par son éducation et la direction première de son talent, n'en était pas arrivé à sa célèbre fusion des deux genres qui devait tant agiter les esprits, et partager les sentimens bientôt après. La musique dramatique, en un mot, se trouvait à cet instant où le passé lui apparaissant trop suranné et trop étroit, elle commençait à lui tenir rigueur de délaissement, et entrebâillait déjà, avec un vif sentiment de curiosité, la porte de tout un avenir de fraîches nouveautés et de piquantes réformations.

Mais au reste, depuis que des œuvres plus puissantes et plus passionnées, en s'emparant tout à la fois des sens et de l'imagination, ont éveillé plus fortement les esprits, l'influence de la musique dramatique s'est accrue dans une mesure proportionelle.

Le théâtre a donc été le premier , à Toulouse , à former l'éducation musicale du pays (nous ne parlons point de la musique d'église, qui eut sa mission autrefois , mais devenue trop rare et trop peu influente de nos jours, pour être tenue en compte principal) ; et en cela le théâtre a fait ce qu'il a pu ; s'il n'a pas fait davantage , c'est qu'il ne le pouvait réellement pas : il avait en lui-même et dans ses conditions essentielles , des limites naturelles qu'il ne lui était pas possible de franchir. En raison même de la variété du spectacle , produite par les élémens divers dont il se compose , variété pleine d'éclat et de prestige , de même qu'au moyen de cette faculté éminente qu'il a d'établir la foule en rapport instantané et en communauté sympathique d'émotions , le théâtre devient sans doute très-propre à jeter les premiers germes de l'enthousiasme dans les cœurs , les premières semences du goût dans les esprits ; mais, après cela, le théâtre voit inévitablement s'arrêter son pouvoir dès qu'il faut aller plus en avant, dès qu'il est besoin de porter jusqu'au plus haut degré de développement et de perfection , des aptitudes musicales incomplètes et seulement ébauchées par la fréquentation habituelle du spectacle lyrique. C'est alors qu'il appartient à une institution plus sévère et plus avancée , par conséquent aussi plus efficace , de prendre à son compte une mission qui ne revient plus au théâtre. Cette mission est celle de la musique instrumentale, expression moins complète et moins variée, mais plus large et plus profonde que la musique dramatique, et qui nous semble résumer, dans les plus sincères conditions, les meilleures inspirations de chaque pays et de chaque époque. C'est à la musique instrumentale qu'il est réservé, en dernier lieu, d'infiltrer dans les âmes entr'ouvertes déjà une nourriture plus substantielle, de faire goûter aux esprits déjà doués de quelque culture, des émotions plus vives, plus intimes, plus recueillies, qui soient surtout dégagées de toute alliance profane et grossière, débarrassées de tout cet accessoire nuisible, de tout cet importun milieu qui constituent les jeux, les effets, et nous allions dire le charlatanisme de la scène. C'est la musique instrumentale qui seule peut donner dans son austérité puritaine la perception des formes les plus délicates, des intentions les plus fines et les plus déliées de la mélodie, comme aussi rendre claires et saisissables les mille couleurs et les mille nuances de l'orchestre, les combinaisons harmoniques si ardues et si compliquées; en un mot, c'est elle qui révèle aux natures d'élite, aux organisations formées d'une sensibilité exquise et fécondées par de fortes études, une myriade de beautés mystérieuses dont la découverte est sans prix, de même qu'elle entr'ouvre à l'auditeur vulgaire ce qui était jusque-là lettre close pour lui, tout un monde nouveau de sensations inconnues. Ainsi donc, la musique instrumentale réduite à ses propres ressources et plaisant par elle-même, par le seul effet de ses charmes na-

turels , marque un progrès incontestable sur la musique dramatique , et sa vogue , sa popularité dans
un pays sont infailliblement le signe d'une culture
musicale très-perfectionnée.

Au reste , voyez ce qui se passe en Allemagne ,
cette terre classique de l'harmonie. L'Allemagne ,
on le sait , a été toujours célèbre depuis le 16e siècle
par ses organistes, ses maîtres de chapelle , et tous
ses instituteurs divers de musique; célébrité qui semble
se résumer dans l'éternel et immense honneur qui
s'attache à cette illustre famille des Bach , dont Sébastien fut le plus illustre membre. Les sociétés de
concert sont encore aujourd'hui en Allemagne de
précieuses institutions, qui sont passées dans les mœurs
les plus familières du pays ; le quatuor instrumental
s'asseoit, si l'on peut parler ainsi , sur la pierre de
chaque foyer domestique , et la symphonie coule à
pleins bords sous le chaume du pauvre comme sous les
lambris du riche. Chaque famille , en quelque sorte ,
forme le cadre d'un ensemble concertant , et les plus
simples paysans , comme les plus modestes ouvriers,
s'associent entre eux aux heures de repos , pour exé-
cuter avec l'intelligence d'âme et l'habileté de main
qui les caractérisent, les plus savantes et originales
pièces de musique instrumentale. En France , au
contraire , les choses sont loin , sous ce rapport , de
se trouver dans un état aussi avancé. La musique
instrumentale , presque entièrement négligée dans
notre pays jusqu'à ces derniers temps, n'a eu , à pro-

prement parler, d'organisation bien régulière, qu'a
dater de la fondation des concerts du conservatoire,
due à l'initiative de M. Habeneck et de quelques
autres artistes éminens. On n'ignore pas tout ce
qu'ont réalisé ces concerts pour l'intelligence des
maîtres les plus originaux et les moins accessibles
jusqu'alors, tels que Haydn, Mozart, Beethowen et
Weber ; tout ce qu'ils ont fait aussi pour l'éducation
d'un public d'élite et la propagation des saines doc-
trines, pour le raffinement d'un goût pur et éclairé.
Mais, cela même ne pouvait suffire, et il fallait de
plus que cette foi nouvelle qui venait enfin s'implanter
au cœur d'une hétérodoxie jusque-là chancelante,
étendît son rayonnement du centre à la circonfé-
rence, du foyer aux extrémités ; une cité seule,
telle grande, telle généreuse qu'elle puisse être, tels
droits qu'elle puisse avoir à la concentration de toutes
choses, ne pouvait pourtant demeurer le siége unique de l'exhibition d'une pratique musicale si nouvelle et si féconde. Il était légitime d'espérer que des
villes d'un ordre secondaire, mais riches de ressources
matérielles et fortes d'enthousiasme moral, oseraient
suivre dans les voies de la musique instrumentale la
trace des modèles supérieurs qui leur étaient offerts.

C'est à ce résultat suprême, à ce dernier genre de
perfectionnement, que devait arriver un jour la musique à Toulouse ; et alors même que ce perfectionnement n'existait pas encore, tous les symptômes
manifestes qui nous apparaissaient, y indiquaient

une tendance peu ou beaucoup prononcée. Dans tous les cas, ce ne pouvait être qu'une question de temps, et le temps s'est depuis lors accompli. Déjà pointaient çà et là des velléités qui voulaient se satisfaire, mais qui n'osaient ou ne pouvaient encore. Des concerts organisés selon des proportions vulgaires d'abord, mais où n'en était pas moins déposé le germe d'un développement futur, s'improvisaient le plus souvent dans un but d'utilité ou d'à-propos ; c'est-à-dire, que la satisfaction des besoins musicaux du public n'était que la pensée secondaire, et venait seulement en aide à l'autre, parce que ces besoins qui déjà se cherchaient avec une sorte d'inquiétude et de ferveur, ne s'étaient point tout-à-fait posés dans leur certitude complète. Mais il fallait honorer dignement un artiste étranger qui apportait le tribut passager d'un talent que la renommée seule avait fait connaître jusque-là, et auquel c'était convenance et justice d'offrir les droits de l'hospitalité en retour de sa confiante venue ; ou bien autrement, on voulait favoriser l'essor d'un talent indigène qui, parvenu à la maturité, ne demandait plus que le grand jour pour faire preuve de sa croissance et de sa force. Or, comme toutes les œuvres intelligentes et sympathiques, ces sortes de primes d'encouragement décernées à propos, devaient rapporter inévitablement des fruits mérités autant à ceux qui en étaient les dispensateurs, qu'aux bénéficiaires eux-mêmes. Il résultait, en effet, que de ces rapprochemens peu à peu accrus et cimentés entre le public d'une part , et les artistes de l'autre , ceux-ci rapportaient le profit de l'émulation heureusement excitée ; ceux-là un enthousiasme éclos et fortifié tout à coup dans leur âme peu faite d'ordinaire à de telles émotions. Ainsi et tour à tour , des artistes sortis du midi et du nord , de la Russie et de l'Angleterre, de l'Allemagne et de la Belgique , de l'Espagne et de l'Italie , quand ce n'était point à la France, ou à la localité elle-même que la possession en était due, se donnaient rendez-vous dans l'hospitalière cité , comme sur un terrain neutre , où le génie de l'art qui voyageait avec eux, se plaisait à faire une halte féconde , et répandait en passant de précieuses semences ou de vives clartés , sorte de lumineux sillon dont la trace ne devait point périr.

Mais, retournons au passé que nous venons de franchir. En même temps que la première inauguration des concerts prenait ses timides ébats dans cette modeste publicité amenée originairement à de trop rares intervalles, et par contraire, si agrandie , si multipliée depuis ; d'autre part , grâce à l'impulsion d'un sentiment presque universel , et grâce encore à l'influence d'une pratique assez constante, bien que trop superficielle et trop frivole peut-être , la musique pénétrait partout ; elle s'infiltrait à travers toutes les ouvertures que lui ménageaient les loisirs d'un dilettantisme quelque peu factice encore ; elle se glissait , à la faveur d'un demi-silence et d'un demi-jour, dans l'intérieur des salons, au sein des réunions privées; pendant quelque temps, la prédilection générale a semblé se trouver du côté de la musique en petit comité secret, à huis clos, en charte privée et en séquestration, pour ainsi dire. On paraissait jaloux des émotions qu'elle donne; on les dérobait aux autres, afin de les garder tout entières pour soi et quelques amis. Il n'en transpirait au dehors que tout juste ce qu'il en fallait pour donner l'idée de cette élaboration sourde et latente qui se faisait alors partout. Or, en cet état, la pratique de la musique avait dû se réduire inévitablement en des proportions analogues à l'inspiration étroite qui la poussait. La musique se rapetissait dans les limites bornées d'un salon, de même qu'elle s'écourtait dans les mesquines conditions de la romance, plus rarement de l'air dramatique, ou, au pis aller, du quatuor instrumental avec des sourdines, bien modeste, bien anodin, bien étouffé. — La musique gagnait ainsi en superficie, ce qu'elle perdait en intensité et en profondeur.

Les choses en étaient à ce point, lorsque, tout en reconnaissant un progrès incontestable dans ce penchant général qui s'accusait vers la musique; tout en espérant, soit une modification dans son caractère, soit une augmentation dans ses résultats, nous sentions pourtant dans la privation de réunions de musique vastes, solennelles, périodiques, telles qu'il fallait les concevoir, qu'il y avait là une notable lacune qu'il était urgent de combler. Nous regrettions vivement l'absence de tout lien unitaire et solide, seul capable de faire converger toutes les intelligences , tous les sentimens vers un même grand but, qui ralliât toutes les volontés , tous les efforts en un faisceau indestructible. Nous comprenions, moitié par instinct et moitié par raisonnement , qu'on ne saurait faire marcher la musique à une destinée sûre , à moins de l'embrasser dans une vigoureuse étreinte , et de lui communiquer d'un grand coup une impulsion irrévocable.

Ici nous touchons à un moment tout-à-fait décisif pour la musique à Toulouse ; et c'est au congrès méridional qu'il appartenait de marquer la date d'une ère musicale nouvelle. Le congrès méridional qui, dès son avénement, comme depuis encore, a été l'objet de tant de louanges de la part des uns, et de tant de critiques de la part des autres, et qui, il faut l'avouer, ne méritait en aucune façon « ni cet excès d'honneur, ni cette indignité; » le congrès, disons-nous, peut au moins revendiquer à bon droit l'incontestable honneur d'avoir fondé une institution grande et durable, échappée par bonheur à la ruine de tant d'autres efforts stériles et de tant d'agitations sans but. C'est que la fondation des fêtes musicales n'a été, à tout prendre, que l'expression naturelle et logique d'un fait antérieur, auquel se rattachaient tous les instincts, tous les sentimens, toutes les passions, toutes les idées du pays : or, de l'idée et de la passion virtuellement existantes, au fait qui les exprime, il n'y a qu'une distance imperceptible, on le sait. C'est là la marche la plus ordinaire de la civilisation qui s'avance, d'un pas quelquefois lent, mais assuré, vers la satisfaction de ses exigences successives ; c'est la condition du progrès qui s'accomplit par des transformations ou brusques ou graduées, mais toujours prévues de loin. D'ailleurs, c'est ordinairement des flancs même de l'association, du sein des assemblées nombreuses que jaillissent les plus importantes vérités ; que s'élancent, d'un bond facile, les plus grandes pensées et les plus généreux sentimens, dont l'honneur est alors le fruit de tous, sans revenir à personne en particulier. Le Christ disait à ses disciples : « Partout où vous vous trouverez réunis au nombre de trois, l'esprit de Dieu sera parmi vous. » Rarement, au contraire, il appartient à des hommes isolés livrés à leur propre force, de telles vertus personnelles qu'ils puissent être doués de frapper à leur coin et selon leur type une idée sympathique et féconde qui soit de cours général.

Pour remonter aussi loin qu'il est juste, le véritable point de départ de toutes les pratiques ultérieures de la musique à Toulouse, est en réalité dans la 1re session de 1834. Ce fut là que prirent naissance, sous l'enveloppe d'une simple formule, toutes les propositions qui devaient plus tard se convertir en actes utiles, toutes les résolutions qui promettaient d'aboutir, l'année d'après, au but dont elles renfermaient implicitement le programme. S'étant pro-

posé pour objet de constater l'état de la science et
de l'art dans le midi de France, d'indiquer ses besoins
et de favoriser ses progrès par tous les moyens qui
étaient en son pouvoir, le congrès méridional ne
pouvait manquer d'appliquer une attention toute spéciale à la musique, et de prévoir, dès aussitôt, tout le
parti qu'il était possible de tirer du développement
local de cet art, conçu et dirigé avec un biais nouveau. En conséquence, la section de musique, chargée
de ce dernier soin dans la séance générale d'ouver-
ture du congrès, eut à s'arrêter d'abord à quelques
vues préliminaires. Le Midi, et Toulouse en particulier, malgré de récentes améliorations, en étaient
encore à désirer des institutions suffisamment déve-
loppées et en harmonie avec leurs ressources naturelles. Or, en jetant les yeux, afin de mieux s'éclairer
par cette comparaison, sur quelques nations voisines
et même sur certaines localités françaises, il fut dé-
montré de plus fort à la section que, dans ces divers
pays, les plus notables progrès de la musique étaient
dûs surtout à l'influence des institutions, et à l'esprit
d'association qui en avait été à la fois le principe et
la conséquence.

On comprit alors comment avait dû naturellement
naître et se fortifier le génie harmonique de l'Allemagne, sous l'influence d'un système d'éducation générale
et primaire, qui fournissait à tous, et presque dans
une égale proportion, les bienfaits de l'instruction
musicale; système qui, pour plus de succès encore,

s'appuie sur les sentimens religieux et la pratique du culte, et dont un des principaux moyens, fondé sur le chant des psaumes et des cantiques à trois et quatre parties, obtient pour effet d'inculquer de bonne heure à de très-jeunes enfans, une habitude d'harmonie qui forme leur oreille, et devient leur goût dominant. On comprit encore en insistant davantage, comment cette même Allemagne avait rencontré un puissant auxiliaire à ces premiers moyens dans l'efficacité de grandes réunions musicales, embrassant des provinces et des états entiers, au sein desquelles étaient exécutées les compositions les plus sublimes des grands maîtres, par des orchestres de plus de 500 musiciens ; véritables solennités dont le retentissement avait pour effet d'ébranler audevant d'elles de nombreuses populations, qui accouraient pour y assister, ainsi qu'à une imposante fête et une commune joie. Mêmes moyens et mêmes effets, ou à peu près, furent observés dans l'industrieuse et méthodique Albion, bien qu'il soit vrai de dire que, en ce dernier pays, les raisons en sont différentes et toutes particulières. Mais l'observation s'étendit plus légitimement, sans doute, à quelques provinces du nord de la France, voisines et proches parentes de l'Allemagne, leur ancienne génératrice, telles, par exemple, que la Flandre et l'ancienne Alsace, et dans ces provinces, notamment aux villes de Strasbourg, Lille, Arras, Douai et autres, où des fêtes musicales sont organisées depuis 1829, où se trouvent établis périodiquement, sur une vaste échelle, des concours d'harmonie entre toutes les localités qui veulent y prendre part ; sortes de défis et de luttes qui, bien qu'entièrement pacifiques, du moins par leur éclat, leur popularité, les prix et les récompenses qui sont décernées aux plus habiles, les ovations qui les couronnent, rappellent quelque peu les tournois chevaleresque du moyen âge. Or, si les anciens carrousels donnaient des chances à la rivalité du courage et de la force physique, les carrousels modernes, ce qui est préférable, excitent et entretiennent parmi des compétiteurs plus nombreux, l'émulation salutaire du goût et du talent, d'une fraternelle et sympathique association. La conclusion qu'on rapporta de cet examen, fut l'adoption des mêmes moyens de progrès qui avaient si fort réussi ailleurs, et la résolution immédiate de leur application, par voie de conséquence, à une ville qui, comme Toulouse, était d'autant plus apte à cette initiation, que ses instincts l'y avaient préparée de longue main, et où d'ailleurs tout ce qu'il y avait de bons esprits en sentait impérieusement la nécessité. — Ainsi Toulouse, si novice alors encore dans la voie des grandes pratiques musicales, allait y entrer avec le courage d'une ferme et irrévocable décision ; Toulouse, qui, bien qu'en possession de vieille date de plusieurs chaires savantes, n'a jamais eu pourtant le privilége d'une chaire de musique à l'égal des Universités d'Oxford et de Cambridge,

allait au moins s'en consoler, en se donnant des *fes-
tivals musicals*, à l'exemple de Londres , York ,
Birmingham. La section de musique du congrès dé-
créta que, à dater de la seconde session, il serait institué des fêtes musicales , analogues à celles de l'Allemagne et du nord de la France , dont l'objet serait
tout à la fois l'exécution des chefs-d'œuvre de nos
grands maîtres, et des essais des compositeurs méridionaux. Diverses autres propositions, tendant toutes
à l'amélioration des institutions déjà existantes, ou à
la création de nouvelles reconnues aussi nécessaires,
vinrent se joindre accessoirement au vœu principal ,
et le compléter en quelque sorte. Enfin, comme ga-
rantie et sanction de tous ces vœux, un jury musical,
autorisé à prendre toutes les mesures utiles à leur
réalisation , fut institué en dernier lieu par la section
de musique, qui termina là les travaux de cette année.

Le seconde session du congrès, qui ne fut guère
autre chose qu'un calque légèrement affaibli de la
première, trouva pourtant la section de musique en
voie d'acheminement vers un but qu'elle ne serait
pas long-temps sans atteindre. A la différence de quelques autres sections, ses sœurs et ses voisines, la section
de musique savait assez bien déjà par où et comment
elle tendait aux fins qu'elle s'était proposées. Ce n'est
pas néanmoins que les travaux qui occupèrent la plus
part des séances, eussent une bien grande portée par
eux-mêmes: des lectures de mémoires plus ou moins
complétement étudiés , des votes peu ou prou utiles,

d'innombrables vœux, dont les uns n'étaient que
la reproduction de ceux émis l'année précédente, et
les autres, leur développement ou leur corollaire,
telle fut à peu près l'élaboration qui se fit cette année
là encore. On pourrait même citer quelques propositions insignifiantes ou oiseuses, qui ne craignirent
pas de s'y fourvoyer sous le bouclier d'une liberté
illimitée d'examen, telle par exemple que celle-ci :
« *La science musicale est-elle arrivée à son
apogée ?* » question qui était résolue affirmativement
par son auteur, mais qui, il faut le dire d'ailleurs, à
la louange de la section, fut unanimement écartée
« comme en contradiction manifeste avec l'idée-mère
du congrès, dont la base est la perfectibilité, le progrès
possible en toutes choses ; » on aurait pu ajouter :
comme inutile et hors de propos. Tout ceci était peu
de chose en soi, il faut le répéter, et ressemblait assez
bien à ces exercices gymnastiques, par lesquels des
jeunes enfans s'essaient au développement futur de
leurs forces, sans qu'il paraisse rien encore des
résultats qu'ils obtiendront plus tard, le travail d'ex-
tension se faisant tout au dedans, et en dépit des fai-
blesses apparentes. Ainsi en est-il d'une institution
adulte. Mais, au milieu de ces préludes marqués d'in-
décision et de tâtonnement, l'esprit s'éveille, l'enthousiasme naît, la curiosité s'éguise, les intentions percent,
les veilléités se montrent; puis, les idées et les théories,
vagues et flottantes d'abord, se dessinent peu à peu,
s'affirment davantage, prennent un corps appréciable,

et se revêtent d'une forme sensible, en attendant que
puisse arriver, par le temps et les efforts, la pratique
la plus étendue. Dans tout premier travail de création il y a comme un ferment impatient et inquiet,
au sein duquel s'agite d'avance le levain d'avenir
qui doit éclater bientôt, la fleur d'espérance qui ne
peut tarder à éclore, vienne à souffler par-dessus la
brise embaumée d'une idée fécondante. L'idée qui,
venue en un beau jour d'invention heureuse, a fait
toute la fortune de la section de musique, c'est l'idée
des fêtes musicales, qui depuis a dominé tous les travaux de la section, les a protégés de son horoscope
magique, leur a servi de but et de fin, de guide et
d'appui. Au moment où la section de musique s'agi-
tait confusément dans la dernière session, cherchant
partout des issues à son inexpérience et à ses besoins
vaguement sentis, il apparaissait déjà sur un plan
très-rapproché de son horizon, un point lumineux
qu'elle avait hardiment attaché à son ciel dans une
heure d'inspiration, et qui à présent éclairait sa route
péniblement avancée, comme un phare près du port.

Les fêtes musicales, organisées dans l'intervalle
des deux sessions par le jury institué à ces fins,
s'annonçaient en effet de toutes parts, et retentis-
saient déjà comme une célébration prochaine. La foi
enthousiaste qui s'attachait, dans tous les cœurs,
aux espérances qu'elles semblaient entr'ouvrir, la
vive sollicitude dont tous les clairvoyans esprits
avaient entouré leur institution, étaient autant de

garanties de leur glorieuse durée; la gravité lente et
appliquée des préparatifs, l'immensité des moyens
assemblés, présageaient d'avance l'importance et
l'efficacité des résultats. Encore un peu de temps, et
l'épreuve décisive d'une grande et précieuse inno-
vation, fondement de tout un avenir, allait être sou-
mise aux regards sanctifians de la clarté publique.
Jusque-là, et pendant tout l'espace qui avait séparé
le premier jet de la conception des fêtes musicales de
leur réalisation définitive, de sensibles perfectionnemens dans la musique s'étaient accomplis à Toulouse,
et ces perfectionnemens, nous ne les entendons point
comme a voulu les comprendre le secrétaire de la
section, dans l'œuvre de son rapport général. Ce
n'est point dans l'énumération de quelques opuscules
individuels, bluettes sans importance, pastiches et
traductions, rhabillemens neufs ou vieux, entiers ou
par moitié; ce n'est pas davantage dans l'exploitation
plus ou moins habile d'une industrie privée, qu'il
faut faire consister les développemens artistiques
d'une grande cité considérée dans son ensemble,
ainsi que l'avait pensé le rapporteur de la section.
C'était là tout au moins une préoccupation fausse et
mesquine, dont, au reste, s'il nous en souvient
bien, M. Berlioz, en parlant des fêtes musicales de
Toulouse, dans un de ses spirituels et savans feuil-
letons du *Rénovateur*, fit bonne justice, avec tant
de raison et d'à-propos. Ce n'est point assurément de
cette façon que se composent les gloires solidaires et
les mérites collectifs.

Si quelques progrès dans la musique se peuvent signaler à Toulouse, durant l'intervalle des deux premières sessions du congrès, ils tiennent, à coup sûr, à l'opinion générale qui s'est modifiée et avancée dans ce sens, à l'esprit public qui a marché du côté de l'impulsion qui lui était faite. Le grand mot de fêtes musicales, lancé un beau jour du sein du congrès, était retombé au milieu de l'opinion jusque-là, sur ce point, un peu somnolente et passive, et il l'avait profondément émue, l'avait traversée, s'il est permis de parler ainsi, à peu près comme font ces masses de pierres qui, détachées d'une cime, se précipitent sur la surface d'un lac tranquille, la troublent tout autour, et en déchirent le milieu pour nous en laisser apercevoir un instant le fond. Puis le gouffre se referme, le calme renaît au-dessus, mais la pierre reste déposée sur le lit de l'eau où elle amasse et recueille toute la mousse, toute la végétation qui croît autour d'elle. — Le public s'éveilla à l'audition d'une voix auparavant inentendue ou incomprise ; il se prit à regarder, avec inquiétude, ces routes ignorées, où on l'invitait à préparer sa marche encore incertaine. Il était d'ailleurs raisonnable que le public, en vue duquel on venait de se faire tout à coup hardi et novateur, prît en quelque souci et attention la responsabilité nouvelle qui lui était imposée ; il avait à se montrer reconnaissant, et pour cela il fallait se rendre digne. Le public se prit donc à hâter son éducation musicale par tous les moyens qui étaient en son pouvoir, afin de ne se point trouver novice et ignorant au jour déjà marqué de cette grande consécration d'un progrès si nouveau et si rapide. Il fallait s'élever de toute force jusqu'au niveau qu'avaient tracé des mains oseuses et initiatrices. On se préoccupa donc de pratique et de doctrine musicale le plus qu'il fut possible ; on préluda par de nombreux essais au petit pied, chacun le plus souvent dans son for intérieur, à la colossale tentative qui se faisait proche. Tous ceux qui se sentirent faibles ou timorés, durent se tremper dans un exercice assidu de la musique, ainsi qu'ils eussent fait dans une eau lustrale pour raffermir ou purifier, soit la débilité, soit la souillure de leur corps. Toute intelligence arriérée s'avança de son mieux, toute érudition équivoque s'affirma et se compléta autant que faire se put, et enfin, de toute façon, un assez bon nombre se trouva préparé suffisamment quand l'heure vint à sonner.

On sait ce que furent les fêtes musicales de 1835 : elles furent, en deux mots, la réussite plus qu'espérée et tout-à-fait magnifique d'une pensée jugée d'abord trop hardie, et qui se trouva, par bonheur, non pas seulement atteinte, mais nous oserions presque dire surpassée du premier coup ; surpassée, non point, à vrai dire, par la mise en œuvre matérielle, prise trop au dépourvu cette fois, trop jeune encore de temps et d'expérience pour être parfaite et entièrement sûre d'elle-même, mais beaucoup plus, croyez-le, par ce débordement de joie, de plaisir, d'ivresse et de popularité, qui, pendant huit grands jours, se pressèrent et bondirent comme un flot impétueux dans le large lit qui leur avait été creusé. Le spectacle qui se montra à Toulouse, vers la fin de juin 1835, fut véritablement d'une rare et étrange beauté, surtout par l'harmonie des élémens nombreux qui concouraient à en former l'ensemble. La coïncidence de l'exposition des produits des beaux-arts et de l'industrie, et de l'exhibition des fêtes musicales, était, entre autres choses, remarquable au plus haut degré : si, d'un côté, l'attrait sévère de la science n'avait amené qu'un très-petit nombre de savans au sein du congrès ; d'autre part, le désir de plus vives et plus aimables satisfactions faisait affluer partout une population mêlée, pétulante, radieuse, haletante à la poursuite du plaisir, fouettée par la curiosité, et d'heure en heure grossie par les flots d'étrangers irruant du dehors. En somme, on vit le pays tout entier, pour ainsi dire, ou du moins les départemens les plus voisins, s'unissant d'intention à l'esprit de ces solennités, et même y assistant par l'intermédiaire des nombreux artistes ou curieux accourus pour les représenter ; et la musique des plus beaux génies harmoniques, exécutée par un corps de plus de 400 musiciens instrumentistes ou chanteurs, devant 5 ou 6 mille auditeurs privilégiés. Une ancienne église du moyen âge fut arrachée tout à coup, en vue de ce culte nouveau, à la honte d'une transformation récente et à l'obscurité d'un long délaissement, pour ouvrir ses portes, oubliées dans leur rouille, aux flots d'une foule toute mondaine et toute bariolée, pour resplendir de nouveau, après de si anciennes et si épaisses ténèbres, de mille feux suspendus par improvisation au pourtour de ses colonnes et aux nervures de ses voûtes ogives, pour résonner, après un si long et si triste silence, des mille accens de la joie et des émotions. Enfin, comme surprise d'un genre plus nouveau encore, ce fut la curieuse phalange des enfans de la Bigorre, guidée par son chef, et brûlée par les ardeurs d'une route poudreuse, venant ajouter la variété du costume bigarré des montagnes à la sévère monotonie des habits citadins, et mêler en dernier lieu à tous ces spectacles divers qui l'avaient précédée, le spectacle de ses rangs hiérarchisés et de ses groupes harmonieux, de ses voix originales et naïves, de ses chants pittoresques et expressifs. Tels sont les riches souvenirs qu'on peut présenter sans timidité à de justes admirations. Mais ce qui mérite, selon nous, plus de considération encore, ce qui domine de haut cette vue matérielle, et tout cet imposant témoignage des sens, c'est à coup sûr cette aptitude générale et spontanée qui fut montrée à rompre des habitudes naguère encore pesant de tous leurs poids, et à délaisser des traditions dont la trace fut perdue le lendemain.

On ne saurait trop remarquer que deux jours suffirent, jours fastes, on peut le proclamer, que deux

bonds énergiques furent assez, pour franchir la distance qui sépare les mesquineries et les puérilités de
l'art, de ses plus hautes ambitions et de ses conquêtes
les plus avancées. D'un même coup fut opérée cette
brusque transition qui, en sautant par-dessus les
anneaux intermédiaires, a, comme par secousse,
conduit la pratique de la musique à Toulouse, de sa
forme la plus simple et la plus vulgaire, telle que
la chanson populaire de la rue, l'*aria* du théâtre et
la romance du salon, jusqu'à son expression la plus
savante, la plus poétique, la plus philosophique, en
un mot la plus divine et la plus humaine tout à la
fois, qui est la symphonie héroïque de Beethowen,
et jusqu'aux plus larges conceptions dramatiques,
telles que la *Création* de Haydn, la *Médée* de
Chérubini, la *Freychutz* de Weber, *il Crociato*
de Meyerbeer, le *Siége de Corinthe* de Rossini.
Mozart et Cimarosa seuls durent s'arrêter au seuil
de la porte, sans le pouvoir franchir cette fois ; hôtes
ajournés, mais non pas méconnus. Un public jusque-
là peu aguerri contre les aspérités savantes de la
musique, peu façonné au commerce difficile de ces
demi-dieux de l'art, se maintint pourtant en leur
présence sans trop de gêne et d'humilité, quoi qu'en
eussent prédit certains esprits timorés et rétrogrades,
qui s'en allaient partout criant à la témérité, à l'in-
novation ! Tant il est vrai que le génie et la science,
tels mystérieux et enfermés qu'ils puissent être dans
leurs incommensurables profondeurs, ont cependant

une puissance d'expansion assez souple, pour rayonner, par quelque côté accessible, à travers le tissu d'airain et les circonvolutions étroites qui les entourent, et puis s'élancer par quelqu'une de leurs irrésistibles aspirations, vers l'intelligence ou l'âme de ceux qui les comtemplent dans un recueillement pieux et fort; tant il est vrai aussi que, du sein d'une foule assemblée, il se dégage infailliblement une flamme de sympathie pénétrante et attractive, qui, se communiquant de proche en proche, de même qu'une étincelle électrique, donne à chacun la force de tous pour sentir et comprendre en communauté, ce qui, hors de ces conditions solidaires, se déroberait à la faiblesse de leur nature individuelle !

Maintenant, tout ceci veut-il dire qu'une sorte de miracle se soit opéré en cette circonstance de prédilection, et qu'un nouvel esprit saint, qu'une autre langue de feu soient descendus d'en haut pour illuminer d'une clarté soudaine ces nouveaux apôtres assemblés? Non certes : toutes les natures ne sont point également douées de la faculté de recevoir instantanément les influences du bien et les impressions salutaires d'une pensée supérieure : il est, par exemple, des ignorances natives, des intelligences rebelles, et des éducations longuement viciées, que le temps seul et l'action continue de généreuses réformes peuvent prétendre à corriger et vaincre; de même qu'il est des organisations tout en dehors et à

la surface, qui glissent sur tout et ne s'arrêtent à
rien. Ainsi, pour beaucoup, les fêtes musicales ne
furent qu'un objet de mode éphémère, un engoue-
ment d'un jour, un sujet de distraction et de passe-
temps, précieux à ce titre qu'il était inusité ; à la
suite d'un sincère enthousiasme et de naïves admirations, plus ou moins raisonnées ici que là, il y
eut, nous le savons, plus d'une admiration de com-
mande et plus d'un enthousiasme de reflet, dont il
n'est guère resté de trace une fois leur objet évanoui.
Mais pourtant il est hors de doute qu'un bien réel
et sensible en soit sorti en résumé ; non pas, il est
vrai, un bien dont on puisse supputer victorieuse-
ment les aperçus matériels, mais que l'on peut tout
au moins classer comme action morale sur les esprits
méridionaux, comme impulsion première et décisive, destinée à déterminer des mouvemens ultérieurs
plus significatifs encore. Or, dans un pays où les
sympathies pour le passé s'allient heureusement au
pressentiment de l'avenir, une telle moralité ne saurait faire naufrage.

Si quelques-uns dédaignent ce qui a été accompli
immédiatement par le ressort des fêtes musicales
(et nous ne serons point de ceux-là), ils peuvent du
moins estimer sans péril la valeur intrinsèque de
leur propriété génératrice. Pour nous elles ont été
comme un rudiment qui contient d'avance des notions
plus avancées dont il se complètera plus tard, comme
un germe fécond dont la destinée est de fructifier et

de fleurir, pourvu qu'une culture postérieure, fidèle à ses premières pratiques, lui vienne en aide sans trop se faire attendre. Le retentissement des fêtes musicales ne devait point non plus s'éteindre, et mourir en quelque sorte d'une mort sourde et hâtive, en se concentrant dans le cercle étroit de son berceau ; déjà il s'est propagé à l'entour, rencontrant sur son passage et éveillant à l'envi mille échos endormis ou distraits, qui ont vibré d'un sympathique unisson. Toulouse n'a point seule été touchée de son propre travail, d'autres localités, ses voisines, se sont aussi émues du spectable de ses labeurs, et en ont gardé une impression qui tournera sûrement à de successives imitations. Toulouse, avertie dans ses tendances musicales par les enseignemens de quelques villes du Nord, aura détenu à son tour le privilége d'imposer ses avertissemens à tout le Midi. Toujours est-il, même en ne tenant pas compte du reste, que les fêtes musicales auront eu pour effet de jeter un grand lustre et un vif éclat sur le congrès ; elles en auront parachevé la pensée et couronné le faîte, en donnant à la physionomie quelque peu terne de ses assemblées, les reflets d'une couleur et les forces d'une vie qu'il n'eût peut-être point trouvés en lui-même.

On a fait aux fêtes musicales de 1835, le reproche de n'avoir point été assez populaires, de n'avoir pas été assez généreusement dispensées aux fidèles nombreux, qui eurent faim de recevoir le pain de cette communion nouvelle. Sans doute les élus, bien qu'assez largement triés, ne furent point tous ceux qui aspirèrent à l'être, et auxquels peut-être une séduction légitime avait donné ce droit; sans doute le bienfait d'une institution marquée dès sa naissance d'un caractère de moralité aussi compréhensive, semblait devoir être laissé à la merci de tous, au lieu de se vendre strictement comme il le fut ; mais on sait tout ce qu'apportent d'obstacles infranchissables à la réalisation des plus saines pensées, les limites matérielles du possible, et combien toute entreprise humaine est faillible par les conditions même de sa propre et essentielle nature. On eut beau dire et faire, le véritable résultat des fêtes musicales s'enferma dans l'église des Jacobins, la plus vaste enceinte disponible, mais dont l'étendue avait malheureusement des bornes, et s'arrêtait là précisément où commençaient les incommensurables franchises de la foule. Quant à la pâle contrefaçon, tout-à-fait populaire, du programme des fêtes qui fut essayée en plein air, elle eut et devait nécessairement avoir le plus triste sort: les nombreuses issues de la vaste place publique qui en fut le théâtre, et la libre action des courans de l'air disputèrent sans peine la plupart des effets de sonorité aux efforts des exécutans. Les insatiables exigences musicales des milliers d'auditeurs assemblés, ne rencontrèrent donc que de minces satisfactions. Ce fut une immense chose, mais pauvre et vide, un spectacle inouï, mais une tentative avortée. Restait seulement à l'expérience le soin de corriger les vices du passé, et d'aviser, de son mieux, à loger plus convenablement le peuple dans ses prévisions futures.

Aujourd'hui déjà, les premières fêtes musicales sont pour nous un passé suffisamment lointain pour qu'il soit possible de le juger dans sa génération et dans ses conséquences. Voici plusieurs années que leur avénement s'est fait avec cet éclat et cette prospérité de début que tout le monde sait. Cet intervalle de temps est assez long d'ordinaire pour servir d'épreuve à la vertu d'une institution, et lui faire dire si elle est née viable, si elle a été susceptible, dès l'abord, de se développer conséquemment à son origine; ou bien, si l'apparente vigueur de sa conformation première, n'était qu'un mensonge propre à déguiser son impuissance future. Quels ont donc été jusqu'à ce jour les signes par lesquels les fêtes musicales ont signalé leur passage? Quels ont été aussi les produits de leur gestation, le mode et la mesure d'activité selon lesquels elles se sont recommandées, les alliances et les parentés prochaines qu'elles ont établies? Ce sont là autant de questions qu'il est permis de s'adresser et qu'on peut se complaire à résoudre.

Colossalement fondée, bien qu'accessoirement conçue par le congrès méridional, cette institution ne pouvait en raison même de la solennité de son but et de l'immensité de ses exigences, se prêter à un renouvellement trop fréquent, sous peine d'user ses propres rouages et d'épuiser les forces communes; ceci est

un sort vulgaire auquel il faut bien se résigner en
désespoir de cause. Les grands enfantemens ne sauraient être de tous les jours, les choses monumentales
et phénoménales ne composent point, que nous sa-
chions, notre lot habituel ; il est des tensions énergiques qui ne peuvent durer trop sans courir le risque
de voir leur ressort violemment se briser ; et si l'on
veut que leur jeu puisse être ressaisi à des intervalles
utiles, il faut savoir lui apporter parfois de nécessaires tempéramens. Ce que l'institution des fêtes
musicales avait donc de mieux à faire pendant le
silence de ses abdications, c'était de se déguiser sous
le manteau d'autres institutions analogues, mais de
proportion moindre ; c'était de déléguer son pouvoir
et de transmettre son héritage à des mains transitoires
et habiles qui pussent l'améliorer en le conservant,
pour le rendre ensuite avec la plus-value d'une
possession soigneuse.

Ainsi donc avons-nous eu pendant un temps la
monnaie des fêtes musicales de 1835. Sans parler
d'un nombre raisonnable de soirées plus ou moins
musicales qui, toutes ou à peu près, peuvent y faire
remonter leur origine et leur détermination, il faut
enregistrer la naissance de plusieurs sociétés de musique, plus particulièrement filles légitimes et héri-
tières en droite ligne des fêtes musicales de 1835,
dont elles ont prétendu continuer la pensée, mais
qui, disons-le à regret, n'ont point tenu en fin de
compte ce qu'elles avaient d'abord semblé promettre,

se fourvoyant de plus en plus dans des efforts divergens tout-à-fait mal dirigés. Ainsi des forces précieuses à recueillir en un seul et vigoureux faisceau,
parce qu'elles étaient rares, ont été divisées sans
prévoyance. Les sources abondantes qui avaient jailli
du principe des fêtes musicales, au lieu de s'imposer
seulement des digues nécessaires pour moins fatiguer
leur lit, s'étant bifurquées en plusieurs branches
rivales, n'ont produit que d'impuissantes dérivations.
Après cela, il ne faut point s'étonner si les milices
concertantes, malgré leur ardeur soutenue, agitées
sourdement par des fermens intérieurs, n'ont que
péniblement avancé, battant de l'aile, et traînant à
leur suite cette mauvaise queue inséparable de toute
musique d'amateur, d'autant plus difficile à extirper,
qu'elle a sa racine vivace au cœur même des plus
intraitables amours-propres. Reconnaissons néanmoins que d'utiles exemples, sinon d'excellentes
pratiques, ont été fournis par les sociétés des concerts. Leur attention presque constante à tenter des
voies neuves et sévères, a suffisamment obtenu de
conserver le feu sacré dans les âmes, et de maintenir
à leur niveau les prédilections acquises.

Enfin, les fêtes musicales de 1836 et de 1837,
en reprenant leurs droits périodiques, sont venues
consacrer tout un passé irrévocable ; tout ceci soit dit
d'ailleurs pour l'honneur des principes, beaucoup
plus que pour la valeur des faits en eux-mêmes.
Une appréciation de l'importance matérielle de ces

fêtes, au point de vue où nous sommes placés, serait chose fort indifférente assurément ; mais ce qui l'est beaucoup moins, c'est de dire que, malgré leur imperfection notable et de visibles avortemens, l'adhésion des esprits y a été tout aussi vive, tout aussi unanime, et c'est là ce qui importe. Les fêtes musicales sont donc une institution qui a pris rang, et qui se maintiendra, vienne une direction haute et désintéressée qui se mette à la place des empiétemens illégitimes de coterie.

Il y a de plus autre chose encore : les concerts en plein air, du moins dans les proportions acceptées jusqu'à ce jour, ont été jugés sans appel et par des arrêts trop compétens, pour qu'il soit utile d'y ajouter le nôtre. Cependant il faut qu'à tout prix l'institution des fêtes musicales soit populaire : le seul moyen d'atteindre ce but, est d'agrandir la sphère des moyens d'action en vue des exigences qui se proclament. Créez donc des œuvres originales et particulières, dont le souffle soit assez puissant pour animer les fibres généreuses du peuple, et surtout que le soleil qui les doit éclairer, les inspire. Prenez pour modèle en ce genre le morceau de Chérubini, entendu le 29 juin, de préférence à ces œuvres taillées pour le cadre plus étroit de la scène, et dont la voix s'en va mourant en échos affaiblis dans l'immensité de vos places publiques. D'autre part, comme la moralité et l'instruction du peuple ne sauraient être mieux faites que par le peuple lui-même, façonnez ses rudes accens qui sont pleins de beauté à des hymnes simples et grandioses tout à la fois ; mariez les voix pénétrantes aux instrumens protecteurs dans de puissantes masses d'harmonie savamment combinées, et la musique vraiment populaire naîtra de vos efforts. Il y a eu en France un homme admirable, sublime, Choron, pour tout dire, qui a fait de grandes choses dans cette voie, et dont les traces sont à suivre.

Il est déplorable que, avec notre système d'architecture moderne, où domine un confortable étroit et mesquin, une difficulté presque absolue se rencontre, quand on veut loger à l'aise une institution qui dépasse de quelques coudées la portée ordinaire. A bien faire, chose téméraire, mais non pas impossible, il faudrait comme complément de nos précédentes vues, élever à la musique un temple spécial, où retentiraient librement, dans un suffisant espace, des accens trop débiles pour le plein air de la place publique. Toute idée nouvelle et heureusement venue veut qu'on se mette en frais pour son exploitation. Toute divinité dont l'essence est reconnue, demande un temple où son culte soit honoré.

L'influence des spectacles sur les mœurs des peuples n'est point niable assurément. Or, de tout temps, la musique a fait partie du théâtre ; et, si elle n'a point régné en souveraine comme de nos jours, sa place du moins y a toujours été notoire. Les mœurs publiques des anciens Grecs et Romains, exaltées à un degré si remarquable, étaient dues uniquement à la solennité de leurs fêtes nationales, à la solidarité des plaisirs goûtés en commun. L'immensité de leurs théâtres, dont quelques-uns contenaient plus de trente mille spectateurs, répondaient parfaitement à l'idée que ces peuples se formaient de la mission de l'art. Il fut un temps où chez les Grecs la dépense du théâtre était si splendide, que la représentation d'une tragédie de Sophocle ou d'Euripide coûtait plus que n'avait coûté la guerre de Perse. D'autre part, il y avait à Athènes un magnifique théâtre de musique, l'Odéon, où, pendant la fête des Panathénées, des prix étaient distribués aux musiciens qui s'étaient distingués dans leur art. Ainsi, l'époque où la Grèce s'éleva au plus haut degré de puissance et de gloire, fut celle où les arts étaient le plus grandement honorés. C'est qu'il était bien compris alors que l'esprit public, d'où s'engendrent toutes les vertus sociales, était intimement lié aux émotions de l'âme; et, ce qui le prouve, c'est que la décadence des arts eut pour conséquence directe l'affaissement de l'énergie morale des nations.

Les populations du midi de la France, vivant beaucoup plus de la vie d'imagination et de sentiment, que de la vie de réflexion, appellent invinciblement au secours de leur nature morale, tout ce qui a pouvoir d'agir sur leurs facultés sensibles, tout ce qui a droit de les émouvoir par une allure de vivacité ou une apparence de grandeur. Comme aux Athéniens de Périclès, il leur faut une vie à découvert et sous le ciel, pour ainsi dire, une action commune et un perpétuel contact, les discussions de l'*Agora*, les harangues du Forum, les fêtes et les jeux publics, les solennités pompeuses et nationales. Tout spectacle doré et magnifique, vif et coloré, va droit à leur intelligence qu'il ébranle et met en jeu par la séduction des sens. *Panem et circenses,* semblent-elles s'écrier, à l'exemple des Romains, quelque peu dégénérés de l'empire. Or, ce sentiment sagement tempéré dans son action, mais encouragé dans son principe, peut devenir la source d'une civilisation toute nouvelle. — Une fois en traité pour la satisfaction des sentimens publics, gardez-vous donc bien de marchander avec la mission qui vous est dévolue. N'oublions pas que, dans toutes choses, les demi-vouloirs, comme les demi-pouvoirs, sont les pires des manifestations de l'activité humaine.

Juin 1837.

MONTPELLIER, IMP. DE BOEHM ET C.'e